Dominik Wiedemann

LiteraturNEUverfilmung

Die filmischen Bearbeitungen von Theodor Fontanes Gesellschaftsroman "Effi Briest" durch Rainer Werner Fassbinder und Hermine Huntgeburth. Ein Vergleich unter ausgewählten Aspekten

GRIN - Verlag für akademische Texte

Der GRIN Verlag mit Sitz in München hat sich seit der Gründung im Jahr 1998 auf die Veröffentlichung akademischer Texte spezialisiert. Die Verlagswebseite www.grin.com ist für Studenten, Hochschullehrer und andere Akademiker die ideale Plattform, ihre Fachtexte, Studienarbeiten, Abschlussarbeiten oder Dissertationen einem breiten Publikum zu präsentieren.

Dokument Nr. V144734 aus dem GRIN Verlagsprogramm

Dominik Wiedemann

LiteraturNEUverfilmung

Die filmischen Bearbeitungen von Theodor Fontanes Gesellschaftsroman "Effi Briest" durch Rainer Werner Fassbinder und Hermine Huntgeburth. Ein Vergleich unter ausgewählten Aspekten

GRIN Verlag

Bibliografische Information Der Deutschen Bibliothek: Die Deutsche
Bibliothek verzeichnet diese Publikation in der Deutschen Nationalbibliografie;
detaillierte bibliografische Daten sind im Internet über http://dnb.ddb.de/
abrufbar.

1. Auflage 2009
Copyright © 2009 GRIN Verlag
http://www.grin.com/
Druck und Bindung: Books on Demand GmbH, Norderstedt Germany
ISBN 978-3-640-53758-7

Universität Regensburg
Philosophische Fakultät IV
Institut für Germanistik
Lehrstuhl für Neuere deutsche Literaturwissenschaft
Wintersemester 2008/2009
Proseminar: Literaturverfilmungen

LiteraturNEUverfilmung
Die filmischen Bearbeitungen von Theodor Fontanes Gesellschaftsroman »Effi Briest« durch Rainer Werner Fassbinder und Hermine Huntgeburth
Ein Vergleich unter ausgewählten Aspekten

Dominik Wiedemann

INHALTSVERZEICHNIS

1. Einleitung 2
2. Literatur im Film: Der Medienwechsel und seine Folgen 3
3. Die Verfilmung von Effi Briest 7
   - 3.1 **RAINER WERNER FASSBINDER (1974)** 8
     - 3.1.1 Darstellung der Figuren 8
     - 3.1.2 Erzähltechnik 9
     - 3.1.3 Umgang mit der Vorlage 11
   - 3.2 **HERMINE HUNTGEBURTH (2009)** 13
     - 3.2.1 Darstellung der Figuren 13
     - 3.2.2 Erzähltechnik 14
     - 3.2.3 Umgang mit der Vorlage 17
4. Zusammenfassung 19
5. Literaturverzeichnis 20
   - 5.1 **QUELLEN** 20
   - 5.2 **FORSCHUNGSLITERATUR** 20

1. Einleitung

Wirft man einen Blick in Metzlers Lexikon der Literaturverfilmungen[1], so stößt man auf über viereinhalbtausend verzeichnete Titel allein deutscher Produktionen seit 1945. Etwa die Hälfte aller jemals produzierten Filme bezieht sich auf eine literarische Quelle, meist einen Roman.[2] So ist die filmische Adaption literarischer Vorlagen seit jeher von größtem Interesse für Regisseure und Filmemacher und das Genre der ‚Literaturverfilmung' ein fest etabliertes, ist seine Geschichte doch beinahe so alt wie die Geschichte des Films selbst.[3]

Dabei verdienen besondere Aufmerksamkeit vor allem jene Vorlagen, die bereits mehrmals filmisch umgesetzt wurden, nicht zuletzt deshalb, weil sich daran häufig sowohl die verschiedenen Adaptionsformen und -möglichkeiten der jeweiligen Zeit nachzeichnen lassen und damit auch die Entwicklung des Mediums Film, als auch die Unterschiedlichkeit der individuellen Herangehensweisen und Bearbeitungen der Vorlage ersichtlich werden und somit ein nicht unwesentlicher Teil ihrer Rezeptionsgeschichte. Was solche ‚Mehrfachverfilmungen' über den literarischen Wert und die literatur-geschichtliche Bedeutung der jeweiligen Werke aussagen, versteht sich von selbst.

Eben einem solchen Werk widmet sich die folgende Arbeit; sie widmet sich Theodor Fontanes Gesellschaftsroman »Effi Briest«, welcher längst Eingang in den Literaturkanon gefunden hat und zur Standardlektüre in Schulklassen geworden ist. Thomas Mann zählt ihn – und das zurecht – zu den wichtigsten der Weltliteratur. Über die Bedeutsamkeit dieses Werks bestehen also keinerlei Zweifel. So ist es nicht weiter verwunderlich, dass dieser 1895 erstmals erschienene Roman bereits fünfmal für Fernsehen und Kino verfilmt wurde. Die jüngste Verfilmung war erst vor wenigen Monaten, im Frühjahr 2009, über einhundert Jahre nach Veröffentlichung ihrer Vorlage, in den Kinos zu sehen, was ein beeindruckendes Zeugnis der scheinbar bis heute ungebrochenen Attraktivität ihrer Thematik darstellt.[4]

Doch fünf Filmadaptionen bedeuten auch fünf zum Teil sehr unterschiedliche Interpretationen – und nichts anderes sind Literaturverfilmungen letztlich als Teil des

---

[1] Schmidt, Klaus M./Schmidt, Ingrid (Hrsg.): Lexikon Literaturverfilmungen. Verzeichnis deutschsprachiger Filme 1945-2000. 2., erweiterte und aktualisierte Auflage. Stuttgart/Weimar: Metzler 2000.
[2] Vgl.: Albersmeier, Franz-Josef u. Roloff, Volker (Hrsg.): Literaturverfilmungen. Frankfurt a. M.: Suhrkamp 1989. (= Suhrkamp Taschenbuch 2093). S. 6.
[3] Vgl.: Albersmeier, Franz-Josef: Einleitung: Von der Literatur zum Film. Zur Geschichte der Adaptionsproblematik. In: Literaturverfilmungen. Hrsg. von Franz-Josef Albersmeier u. Volker Roloff. Frankfurt a. M.: Suhrkamp 1989. (= Suhrkamp Taschenbuch 2093). S. 16.
[4] Die erste filmische Umsetzung des Romans entstand bereits im Jahr 1939 mit dem Titel »Der Schritt vom Wege« unter der Regie von Gustav Gründgens. Eine weitere folgte wenige Jahre später, 1955, in Westdeutschland von Rudolf Jugert unter dem Titel »Rosen im Herbst«. Die dritte, von Wolfgang Luderer, ist eine DDR-Produktion aus dem Jahr 1968 und die vierte, mit dem Titel »Fontane Effi Briest«, entstand unter der Regie von Rainer Wernder Fassbinder im Jahr 1974.

literarischen Rezeptionsprozesses –, an welchen sich die differenzierten Möglichkeiten der filmischen Umsetzung von Literatur manifestieren.

Im Folgenden sollen die beiden wohl bekanntesten Verfilmungen von Effi Briest – die 1974 entstandene Umsetzung von Rainer Werner Fassbinder und die bereits erwähnte Neuverfilmung von Hermine Huntgeburth aus dem Jahr 2009 – genauer betrachtet werden, wobei nicht nur der Bekanntheitsgrad der Bearbeitungen, sondern auch die zeitliche Distanz von 35 Jahren, in denen sowohl eine methodische und technische Weiterentwicklung des Films, wie auch eine Wandlung der Darstellungsweise von Inhalten stattgefunden hat, einen Vergleich dieser beiden Umsetzungen besonders interessant macht.

Dieser erfolgt jedoch nicht, ohne zuvor – wenigstens kurz – das Phänomen der Literaturverfilmung an sich darzustellen und auf den damit verbundenen Medienwechsel und dessen Folgen einzugehen. Im Anschluss daran folgt eine vergleichende Analyse der beiden Verfilmungen, die sich im Rahmen dieser Arbeit jedoch auf ausgewählte Gesichtspunkte beschränken muss. Dabei geht es nicht primär um den jeweiligen Vergleich von Buch und Film, der Schwerpunkt der Analyse liegt vielmehr auf der Herausarbeitung der wesentlichen Unterschiede zwischen den beiden filmischen Bearbeitungen im Hinblick auf die Figurendarstellung, die Erzähltechnik sowie den individuellen Umgang mit der Vorlage. Ein abschließendes Résumé, das die gewonnenen Ergebnisse noch einmal aufgreift und zusammenfasst, bildet den Schluss der Arbeit.

2. Literatur im Film: Der Medienwechsel und seine Folgen

Das Thema der Literaturverfilung ist ein durchaus streitbares, sind die Meinungen hierzu teilweise doch sehr unterschiedlich. Vor allem wenn es darum geht, welchen Stellenwert man dem Genre nun zukommen lassen soll, finden sich nicht selten gegensätzliche Standpunkte.[5] Dass das Genre der Literaturverfilmung grundsätzlich mit einem Imageproblem zu kämpfen hat, ist heute – im Gegensatz zu den Anfangszeiten des Films, in denen die filmische Umsetzung von Literatur gar zur ‚Barbarei' herabgewürdigt wurde[6] – sicherlich nicht mehr

---

[5] Eine kurze Auswahl verschiedener Forschermeinungen hierzu, v.a. zur Frage der ‚Verfilmbarkeit' von Literatur, findet sich bei Evelyn Strautz: Probleme der Literaturverfilmung. Dargestellt am Beispiel von James Ivorys A Room With A View. Alfeld/Leine: Coppi-Verlag 1996. (= Aufsätze zu Film und Fernsehen, Bd. 38). S. 6-8.
[6] Vgl.: Gladziejewski, Claudia: Dramaturgie der Romanverfilmung. Systematik der praktischen Analsyse und Versuch zur Theorie am Beispiel von vier Klassikern der Weltliteratur und ihren Filmadaptionen. (Diss. Hamburg 1997). Alfeld/Leine: Coppi-Verlag 1998. (= Aufsätze zu Film und Fernsehen, Bd. 63). S. 1.

zutreffend, doch ist es „nach wie vor geeignet, skeptische Reaktionen hervorzurufen."[7] Vor allem unter Filmwissenschaftlern, welche den Film als eigenständiges Kunstwerk betrachten und mit einer „hybride[n] Kunstform"[8] wie der Literaturverfilmung nur wenig anzufangen wissen, ist diese Skepsis noch weit verbreitet.[9] So ist es nicht weiter verwunderlich, dass Literaturverfilmungen bis heute kein ernstzunehmendes Forschungsfeld in der Filmwissenschaft darstellen.[10]

Ferner existiert noch immer das Argument des ‚passiven Zuschauers' im Gegensatz zum ‚aktiven Leser'[11], wenngleich die Annahme, der Rezeptionsvorgang beim Schauen eines Films sei anspruchslos und passiv, falsch ist, was wissenschaftliche Untersuchungen hierzu gezeigt haben.[12]

Eine andere Form der Skepsis findet sich schließlich in der „prinzipiellen Höherschätzung des [...] Originals gegenüber allen ‚abgeleiteten' Werken ‚aus zweiter Hand'."[13] Das bedeutet, nicht die Tatsache, dass es sich bei der Verfilmung um ein anderes Medium als das des ‚Printmediums' handelt, gibt in diesem Fall den Ausschlag, sondern, dass es eben nicht ‚original' ist. Es wäre interessant, zu erfahren, wie manch kritisches Urteil über eine Literaturverfilmung ausfiele, wäre der Beurteilende nicht in Kenntnis der (originalen) literarischen Vorlage. Man darf die Behauptung wagen, es wäre positiver.

Nun darf bei aller vorherrschenden Skepsis jedoch nicht außer Acht gelassen werden, dass sich die Literaturwissenschaft – im Gegensatz zur Filmwissenschaft – dem Themenkomplex sehrwohl inzwischen geöffnet hat und ihre Aufmeksamkeit gerade auch auf „Pänomene der Intertextualität und der ‚Hybridisierung'"[14] richtet, weshalb Standpunkte wie die soeben geschilderte Höherschätzung des Originals im literaturwissenschaftlichen Diskurs auch keine Rolle mehr spielen. Literatur und Film können – zumindest im wissenschaftlichen Umgang – also mittlerweile als gleichberechtigt angesehen werden; und auch der zunehmende Einsatz von Literaturverfilmungen als Unterrichtsmedium in der Schule untermauert ihre Etablierung.[15]

Was – über alle grundsätzlichen Fragen zu Image und Stellenwert hinaus – tatsächlich mit Skepsis betrachtet werden muss, ist der Begriff der ‚Literaturverfilmung' selbst. Dieser

---

[7] Bohnenkamp, Anne (Hrsg.): Interpreatitonen Literaturverfilmungen. Stuttgart: Reclam 2005. (= RUB 17527). S. 9.
[8] Vgl.: Ebd.
[9] Vgl.: Ebd.
[10] Ebd. S. 12.
[11] Vgl.: Gladziejewski: Dramaturgie. S. 3.
[12] Vgl.: Bohnenkamp: Literaturverfilmungen. S. 10.
[13] Ebd. S. 11.
[14] Ebd.
[15] Vgl.: Ebd. S. 10f.

nämlich ist, wie auch Franz-Josef Albersmeier zurecht feststellt „so problematisch wie der Gegenstand, den er, mangels besserer terminologischer Alternativen in der deutschen Sprache, behelfsmäßig umschreibt."[16] Und Knut Hickethier bemerkt hierzu:

> Von ‚Literaturverfilmung' zu reden, heißt, den ersten Schritt in die falsche Richtung tun: denn im Begriff der Verfilmung steckt bereits die erlittene Verformung des Kunstwerks […].[17]

Gerade dieser Argumentation, die im Wort Verfilmung enthaltene Vorsilbe ‚ver' sorge für eine qualitative Abwertung des Films gegenüber der Literatur und sei somit unzutreffend, begegnet man relativ häufig. Dabei muss entgegenhalten werden, dass mit dem besagten Präfix nicht zwangsläufig eine negative Konnotation verbunden sein muss. Das größere Problem, das der Begriff in sich birgt, ist seine Unschärfe.[18] Was genau wird beschrieben, wenn von ‚Literaturverfilmung' die Rede ist? Darf die Verfilmung eines trivialen zeitgenössischen Liebesromans mit gleichem Recht als ‚Literaturverfilmung' bezeichnet werden, wie beispielsweise die Verfilmung von *Effi Briest*, eines kanonisierten Werkes der sogenannten ‚Weltliteratur'? Da mit dem Wort ‚Verfilmung' eine zwar nicht ganz glückliche, aber dennoch relativ eindeutige Aussage getroffen wird, nämlich – um es einfach zu formulieren –, dass etwas zu einem Film (gemacht) wird, kann die Beantwortung dieser Fragen zwangsläufig – wenn überhaupt – nur über eine genauere Definition des Begriffs der ‚Literatur' an sich führen. Dies jedoch ist nicht Gegenstand der vorliegenden Arbeit, weshalb es an dieser Stelle bei dem Verweis und der Sensibilisierung auf die existierende Definitionsproblematik bleiben muss.

Neben dem Begriff der ‚Literaturverfilmung' bestehen jedoch noch einige weitere Bezeichnungen, die aus dem Versuch heraus entstanden sind, dieses „weite Feld […] nach Typen der Umsetzung zu gliedern und Arten der Literaturadaption zu bestimmen."[19] Eine solche Gliederung wurde bereits 1981 von Helmut Kreuzer entwickelt. Hierin unterscheidet er zwischen der »*Aneignung von literarischem Rohstoff*«, also der „Übernahme herausgenommener Handlungselemente oder Figuren, die man im autonomen Filmkontext für brauchbar hält"[20], der »*Illustration*«, welche sich so eng wie möglich an die Vorlage hält, der »*Transformation*«, bei der unter den Bedingungen des anderen Mediums ein „neues, aber

---

[16] Albersmeier: Adaptionsproblematik. S. 15.
[17] Hickethier, Knut: Der Film nach der Literatur ist Film. Volker Schlöndorffs ‚Die Blechtrommel' (1979) nach dem Roman von Günter Grass (1959). In: Literaturverfilmungen. Hrsg. von Franz-Josef Albersmeier u. Volker Roloff. Frankfurt a. M.: Suhrkamp 1989. (= Suhrkamp Taschenbuch 2093). S. 183.
[18] Vgl. hierzu auch: Bohnenkamp: Literaturverfilmungen. S. 11.
[19] Bohnenkamp: Literaturverfilmungen. S. 35.
[20] Kreuzer, Helmut: Arten der Literaturadaption. In: Literaturverfilmung. Hrsg. von Wolfgang Gast. Bamberg: C. C. Buchner 1993. (= Themen – Texte – Interpretationen, Bd. 11). S. 27.

möglichst analoges Werk entsteht"[21] und schließlich der »*Dokumentation*«, bei welcher ein Theaterstück abgefilmt wird.

Ein Aspekt, der bei dem Stichwort der ‚Literaturverfilmung' neben den anfänglichen – zumindest in der Fachwissenschaft vorherrschenden – Schwierigkeiten ihrer Akzeptanz und der Problematik einer adäquaten Definition und Begrifflichkeit ebenfalls zur Darstellung kommen muss, sind die Folgen, die der durch die Verfilmung vollzogene Medienwechsel zwangsläufig mit sich bringt. Da Literatur und Film mit zwei unterschiedlichen Darstellungsformen arbeiten[22], ergeben sich unvermeidlich Schwellen, die es zu überwinden gilt und die eine Eins-zu-eins-Übertragung der literarischen Vorlage in den Film nahezu unmöglich machen. So wird, wie auch Ursulina Pittrof richtig erkennt, „ein Informationsverlust nie zu vermeiden sein."[23] Gerade im Hinblick auf die Gestaltung von verschiedenen Zeitebenen erweist sich das schriftsprachliche Medium mithilfe seines Erzählers als dem Film gegenüber im Vorteil. Zeitsprünge, ein nicht-chronologischer Handlungsverlauf oder das Anhalten der Zeit sind in der filmischen Umsetzung nur bedingt möglich oder zumindest mit Schwierigkeiten verbunden.[24]

Des Weiteren ist das in erster Linie visuell geprägte Medium Film zwangsläufig wesentlich konkreter in der Darstellung als das verbalsprachliche Zeichen des ‚Printmediums'[25] und lässt somit kaum etwas der Phantasie des Rezipienten übrig, wie Anne Bohnenkamp es anschaulich verdeutlicht:

> So kann die Wendung »ein großes Haus« im literarischen Kontext auf alle Konkretisierung verzichten und dem Leser damit ‚Leerstellen' zur eigenen Konkretisierung überlassen; die Umsetzung ins Bild aber muss zwangsläufig immer schon entscheiden, um welche Art von Haus es sich handelt.[26]

Und nicht zuletzt bietet sich das Problem, dass der Film einer zeitlichen Beschränkung von zwei bis maximal zweieinhalb Stunden unterliegt, wodurch eine Kürzung der Vorlage unumgänglich wird[27], was letzten Endes häufig auf Kosten der viel zitierten ‚Werktreue' geschehen muss. Die Redewendung »*ein Bild sagt mehr als tausend Worte*« mag auf viele Lebensbereiche zutreffen, für die Verfilmung von Literatur ist sie jedoch von begrenzter Gültigkeit. Begrenzt deswegen, weil der Film natürlich durch seine visuellen

---

[21] Ebd. S. 28.
[22] Vgl.: Pittrof, Ursulina: Der Weg der Rose vom Buch zum Film. Ein Vergleich zwischen dem Buch *Il nome della rosa* und seiner filmischen Umsetzung. Marburg: Tectum Verlag 2002. S. 15.
[23] Ebd.
[24] Vgl.: Strautz, Evelyn: Probleme der Literaturverfilmung. Dargestellt am Beispiel von James Ivorys *A Room With A View*. Alfeld/Leine: Coppi-Verlag 1996. (= Aufsätze zu Film und Fernsehen, Bd. 38). S. 10.
[25] Vgl.: Bohnenkamp: Literaturverfilmungen. S. 31.
[26] Ebd. S. 31f.
[27] Vgl.: Pittrof: Der Weg der Rose. S. 15f.

Gestaltungsmöglichkeiten auch in der Lage ist, mit nur wenigen Kameraeinstellungen darzubieten, was in der literarischen Vorlage unter Umständen auf mehreren Buchseiten geschildert werden muss.

Des Weiteren ist, während die Literatur in ihren Gestaltungs- und Darstellungsmöglichkeiten im Endeffekt auf die schriftliche Sprache beschränkt ist, „der Film keineswegs auf die Verwendung visueller Zeichen zu reduzieren."[28] Verschiedenste Arten sowohl der Kameraführung als auch der Kameraperspektiven und -einstellungen, aber auch der Licht- und Tontechnik und schließlich der Einsatz von Musik ermöglichen dem Film ein ungleich breiter gefächertes Repertoire an Instrumentarien zur Erzeugung einer Atmosphäre, die in der Vorlage stets ‚nur' mit Worten erschaffen werden kann.[29]

So zeigt sich an dieser Stelle, wie ein (literarischer) Stoff durch seine filmische Bearbeitung durchaus profitieren kann und das Produkt – die Literaturverfilmung – gerade durch den Facettenreichtum der Darstellungsmöglichkeiten des Mediums Film seine Betrachtung als eigenständige, unabhängige Kunstform zutiefst rechtfertigt.

3. Die Verfilmung von Effi Briest

Der folgende Teil der Arbeit befasst sich nun mit den filmischen Bearbeitungen von Theodor Fontanes Gesellschaftsroman »*Effi Briest*« durch Rainer Werner Fassbinder[30] und Hermine Huntgeburth.[31] Da im Rahmen dieser Arbeit keine allumfassende Darstellung der beiden Adaptionen erfolgen kann, muss sich diese auf ausgewählte Aspekte beschränken.

Somit werden in einer vergleichenden Analyse Besonderheiten und Unterschiede der beiden Verfilmungen im Hinblick auf die Darstellung der Figuren, der Erzähltechnik sowie den Umgang mit der literarischen Vorlage herausgearbeitet. Da die Verfilmung von Hermine Huntgeburth noch sehr jung ist und erst vor wenigen Monaten in den deutschen Kinos lief, ist hierzu – im Gegensatz zu Fassbinder – mit Ausnahme einiger Rezensionen noch keine nennenswerte (wissenschaftliche) Fachliteratur verfügbar. Daher beruhen die Analyseergebnisse bezüglich der Neuverfilmung hauptsächlich auf eigenen Beobachtungen und Deutungen.

---

[28] Bohnenkamp: Literaturverfilmungen. S. 32.
[29] Vgl.: Strautz: Probleme der Literaturverfilmung. S. 11.
[30] Fassbinder, Rainer Werner: Fontane Effi Briest. DVD. 135 min. Deutschland: Arthouse 2007 (Deutschland 1974).
[31] Huntgeburth, Hermine: Effi Briest. DVD. 113 min. Deutschland: Constantin Film 2009.

3.1 Rainer Werner Fassbinder (1974)

3.1.1 Darstellung der Figuren

Dass es sich bei Fassbinders Effi-Briest-Bearbeitung nicht um eine Literaturverfilmung der gewöhnlichen Art handelt, wird bereits nach wenigen Szenen ersichtlich. Und nicht zuletzt der außergewöhnliche Titel des Films – »*Fontane Effi Briest oder Viele, die eine Ahnung haben von ihren Möglichkeiten und ihren Bedürfnissen und dennoch das herrschende System in ihrem Kopf akzeptieren durch ihre Taten und es somit festigen und durchaus bestätigen*« – gibt zu erkennen, dass es Fassbinder um mehr geht, als eine bloße ‚Verfilmung' des Romanstoffes. Besonders deutlich wird dies unter anderem an der Art und Weise, wie die Figuren im Film sowohl selbst als auch in den Beziehungen zueinander dargestellt werden. Fassbinder „formuliert mit [seinem] Titel eine Art Programm: Im Vordergrund steht nicht die Kritik an der Gesellschaft, sondern das Leiden an ihr"[32], oder anders formuliert: Fassbinders Film selbst ist gesellschaftskritisch, was aber durch das Leiden seiner Figuren an dieser Gesellschaft zum Ausdruck gebracht wird.

So ist die Stimmlage, in der sie sich äußern durchwegs geprägt von Monotonie und Melancholie[33], keine Spur von Leidenschaft haftet ihnen an, weder in der Sprache noch in ihrer Mimik und Gestik. Dieser Mangel an „innere[r] Bewegung"[34] spiegelt sich auch in ihrer äußeren Erscheinungsform wider. „Sie sind von geradezu puppenhafter Starrheit"[35], schreibt Jürgen Wolff; und so wirken sie tatsächlich. Fassbinders Figuren fehlt jegliche Dynamik, so langsam ihr Sprachgestus ist, so schleichend sind ihre Bewegungen. In den meisten Einstellungen „erscheinen sie wie auf einer Fotografie: eingefroren"[36], stellt Uda Schestag treffend fest.

All dies unterstreicht letztlich die Situation in der sich die Protagonisten befinden. Ihre – um mit Jürgen Wolff zu sprechen – puppenhafte Darstellung bringt bildlich zum Ausdruck, was sie sind: Marionetten an den Fäden einer Gesellschaft, deren Zwängen sie sich ergeben haben.[37] Und all dies schafft eine Distanz zwischen den Figuren im Film und den Rezipienten. Zu keinem Zeitpunkt erregen Fassbinders Figuren das Mitgefühl des Zuschauers, nicht zuletzt

---

[32] Schestag, Uda: „Literaturverfilmung" oder „literarischer Film"? Überlegungen zum Verhältnis von Literatur und Film am Beispiel von Rainer Werner Fassbinders »Effi Briest«-Verfilmung. In: Das Verstehen von Hören und Sehen. Aspekte der Medienästhetik. Hrsg. von Josef Fürnkäs u.a. Bielefeld: Aisthesis 1993. S. 148.
[33] Vgl. auch: Wolff, Jürgen: Verfahren der Literaturrezeption im Film, dargestellt am Beispiel der Effi-Briest-Verfilmungen von Luderer und Fassbinder. In: Der Deutschunterricht 40 (1981) H. 4. S. 66.
[34] Schestag: Literaturverfilmung. S. 152.
[35] Wolff: Verfahren der Literaturrezeption. S. 66.
[36] Schestag: Literaturverfilmung. S. 152.
[37] Vgl. auch: Wolff: Verfahren der Literaturrezeption. S. 67.

deshalb, weil sie – mit Ausnahme von Effis Gefühlsausbruch nach dem Besuch ihrer Tochter Annie[38] – selbst zu keinem Zeitpunkt emotional sind.

3.1.2 Erzähltechnik

Durch ihre distanzierte Darstellung sind Fassbinders Figuren Teil eines filmischen Konzepts, das ganz und gar auf Verfremdung setzt. Überhaupt handelt es sich hierbei um einen sehr untypischen oder gar – wie Uda Schestag es ausdrückt – „unfilmischen Film"[39].

> Ich meine, man soll an dem fertigen Film ganz klar merken, daß das ein Roman ist und daß an dem Roman nicht das Wichtigste ist, daß er eine Geschichte erzählt, sondern wie er sie erzählt,[40]

antwortet Rainer Werner Fassbinder 1972 in einem Interview mit Corinna Brocher auf die Frage, wie sein Versuch, eine Literaturverfilmung zu machen, aussehen werde. Mit dieser Aussage steht Fassbinder ganz in der Tradition Theodor Fontanes. Das *Wie* der Erzählung ist wichtiger als die Geschichte, die erzählt wird. Denn was Fassbinder ganz bewusst vermeiden möchte, ist „dieses simple Eine-Geschichte-Erzählen"[41], die ohnehin schon jeder kenne.[42] Entsprechend „sind die Bilder dieses Films [...] um eine ihrer normalerweise zentralen Funktionen weitestgehend entlastet, um die Funktion, Geschichten zu erzählen."[43] Episodenhaft folgen einzelne Handlungsabschnitte aufeinander, stets voneinander abgetrennt durch Weiß- oder Schwarzblenden, ohne sich dabei direkt aufeinander zu beziehen. Dadurch wird ein kontinuierlicher, sich steigernder Handlungsverlauf bewusst vermieden, ebenso wie eine dramatische Entwicklung des Geschehens oder gar eine Zuspitzung desselben auf einen Höhepunkt hin – als Ausnahme kann auch hier die Szene von Effis Gefühlsausbruch nach dem Besuch ihrer Tochter gesehen werden, die ohnehin in mancher Hinsicht aus dem Konzept zu fallen scheint. Ein ansonsten beabsichtigt ‚unspannender' Film hält den Zuschauer stets auf Distanz zu dem, was auf der Leinwand zu sehen ist.[44]

---

[38] Vgl.: EF 01:59:50.
[39] Schestag: Literaturverfilmung. S. 151.
[40] Rainer Werner Fassbinder in einem Interview mit Corinna Brocher: Fassbinders Fontane. Der Regisseur verfilmt den Roman »*Effi Briest*«. In: Der Tagesspiegel. Berlin v. 11.02.1972.
[41] Ebd.
[42] Vgl.: Ebd.
[43] Lohmeier, Anke-Marie: Symbolische und allegorische Rede im Film. Die »Effi Briest«-Filme von Gustaf Gründgens und Rainer Werner Fassbinder. In: Theodor Fontane. Hrsg. v. Heinz Ludwig Arnold. München: edition text + kritik 1989 (= Sonderband Text und Kritik). S. 233.
[44] Vgl. auch: Schestag: Literaturverfilmungen. S. 149f.

Darüber hinaus finden sich zahlreiche weitere Mittel der Distanzierung und Verfremdung. So werden die Bilder des Films immer wieder von einem von Fassbinder selbst gesprochenen Off-Text begleitet, welcher – bis auf wenige Ausnahmen[45] – exakt dem der literarischen Vorlage Fontanes gleicht. Dabei erzählt dieser ‚Erzähler' nicht eigentlich die Geschichte, sondern er liest Fontanes Roman – und somit auch Dialoge der Figuren.[46] Es handelt sich also vielmehr um einen ‚Vorleser'. Die Figuren im Film verharren dabei zumeist reglos. Eine verfremdende Wirkung bekommt der Einsatz des ‚Erzählers' vor allem auch dadurch, dass sein Text „keineswegs illustriert wird durch die Filmbilder; sie können dem Text sogar direkt widersprechen."[47] Der Betrachter muss sich den Film dadurch gewissermaßen selbst ordnen und das Gehörte und Gesehene in einen sinnvollen Zusammenhang bringen, was ein erhebliches Maß an Reflexion erfordert.[48]

Bis hierhin kamen nun drei Ebenen zur Sprache, mit denen Fassbinder in seiner Effi-Briest-Adaption arbeitet: der in Szene gesetzte Dialog der Figuren, also ihre wörtliche Rede, sowie deren Gestik und Mimik (s. 3.1.1) und der soeben erläuterte ‚Erzähler' bzw. Off-Sprecher. Als vierter „‚Kanal' der Mitteilung", wie Helmut Schanze es formuliert, der an dieser Stelle erwähnenswert scheint, fungiert die schriftliche Mitteilung in Form von Inserts.[49]

Insgesamt fünfzehnmal sind in Fassbinders Film derartige Einblendungen zu sehen. Als erzählerisches Mittel stammen die Inserts aus den Tagen des Stummfilms, wo sie auf Grund der Abwesenheit des Tons ihren Einsatz durchaus rechtfertigten. Im Tonfilm hat dieser jedoch mitunter „etwas Atavistisches."[50] Dadurch dienen sie, neben der inhaltlichen wie formalen Strukturierung des Films, in erster Linie dazu, die Aufmerksamkeit des Zuschauers auf einzelne Sätze oder Passagen aus Fontanes Roman zu lenken.

> Die Inserts sind [Fassbinders] »Lesefrüchte«, sie vermitteln (und betonen) die Quintessenz seiner Romanlektüre […] und sie legen dem Rezipienten eine bestimmte Interpretation nahe,[51]

---

[45] Fassbinder weicht an manchen Stellen sowohl beim Text des Eräzlers als auch der Dialogpartner minimal von Fontanes Vorlage ab. Die wichtigsten Abweichungen hat Michael Töteberg im Nachwort zum 3. Band der von ihm herausgegebenen Reihe *Fassbinders Filme* zusammengestellt: Michael Töteberg (Hrsg.): Fassbinders Filme. Bd. 3: Händler der vier Jahreszeiten. Angst essen Seele auf. Fontane Effi Briest. Frankfurt a. M.: Verlag der Autoren 1990.
[46] Vgl. z.B. die Szene von Effis Verlobung: 00:04:05.
[47] Töteberg (Hrsg.): Fassbinders Filme. S. 184.
[48] Vgl.: Schestag: Literaturverfilmung. S. 151.
[49] Vgl.: Schanze, Helmut: Fontane Effi Briest. Bemerkungen zu einem Drehbuch von Rainer Werner Fassbinder. In: Literatur in den Massenmedien – Demontage von Dichtung? Hrsg. von Friedrich Knilli, Knut Hickethier und Wolf Dieter Lützen. München/Wien: Hanser 1976 (= Reihe Hanser 221). S. 134.
[50] Ebd.
[51] Ebd. S. 135.

schreibt Helmut Schanze und unterscheidet dabei im Wesentlichen zwei Funktionen: Zum Einen kommen Inserts an Drehpunken der Handlung zum Einsatz. So wird beispielsweise Effis Affaire mit Crampas ausschließlich durch Texteinblendungen vermittelt:

> Es verging kein Tag, an dem sie nicht ihren vorgeschriebenen Spaziergang gemacht hätte.[52]

und zwei Szenen später:

> Die Spaziergänge nach dem Strand und der Plantage, die sie, während Crampas in Stettin war, aufgegeben hatte, nahm sie nach seiner Rückkehr wieder auf und ließ sich auch nicht durch ungünstige Witterung davon abhalten.[53]

Zwar wird der Beginn des Verhältnisses in der Kutsche szenisch angedeutet, kein Bild jedoch visualisiert und kein Wort beschrieben – auch hier hält sich Fassbinder ganz an Fontane –, was tatsächlich während der gemeinsamen Spaziergänge geschieht.[54] Durch die Betonung, die die beiden Sätze aber durch die Inserts erhalten, wird die gewünschte Information auch ohne Inszenierung übermittelt und verhindert somit – gewollt – jegliche dramatische Entwicklung.

Zum Anderen erscheinen als Insert „Einsichten oder Moralia"[55] der handelnden Figuren. Dabei werden in erster Linie die Einsichten Effis in einen „gesellschaftlich sanktionierten ‚Angstapparat aus Kalkül'"[56] widergespiegelt. Anderseits aber auch ihre Ausreden, wie Schanze zurecht feststellt: „Freilich, ein Mann in seiner Stellung muß kalt sein. Woran scheitert man denn im Leben überhaupt? Immer nur an der Wärme."[57] Es ist der Versuch, die eigene Situation zu rechtfertigen, eine Situation, in der Effi nicht sein möchte, aber, um dem „tyrannisierende[n] Gesellschafts-Etwas"[58], wie es bei Fontane heißt, gerecht zu werden, sein muss. Fassbinder unterstreicht somit auch auf dieser Ebene die gesellschaftliche Abhängigkeit der Figuren[59], vor allem Effis, und ihr Leiden daran.

3.1.3 Umgang mit der Vorlage

Fassbinders Effi-Briest-Adaption hält sich wie kaum eine andere Literaturverfilmung an ihre Vorlage. „Jedes Wort, im Dialog und im Kommentar [...], steht bei Fontane: keine

---

[52] EF 01:05:15.
[53] EF 01:07:40.
[54] Vgl.: Schanze: Fontane Effi Briest. S. 136.
[55] Ebd.
[56] Ebd. S. 137.
[57] EF 00:11:10.
[58] Fontane, Theodor: Effi Briest. Durchgesehene Ausgabe. Stuttgart: Reclam 2002 (=RUB 6961). S. 265.
[59] Vgl.: Wolff: Verfahren der Literaturrezeption. S. 68.

Literaturverfilmung, sondern ein Film als Lektüre; man sieht und hört und liest einen Roman."[60] Die Formulierung, die Wolf Donner hierfür findet, verdeutlicht, worum es sich bei Fassbinders Film handelt: nicht eigentlich um eine ‚Literaturverfilmung', vielmehr um einen ‚literarischen Film', wie auch Uda Schestag feststellt.[61] Dabei bleibt der Bezug zur Literatur ständig aufrecht erhalten. Die Schwelle, die es bei ihrer ‚Verfilmung' zu überwinden gilt, wurde an anderer Stelle bereits erwähnt. Fassbinder jedoch scheint diese Schwelle nie ganz zu überschreiten. Er bleibt gewissermaßen darauf stehen. Was er geschaffen hat, ist keine Literatur mehr und noch nicht ganz Film.

Die ausschließliche Verwendung von Schwarz-Weiß-Material unterstützt einerseits den gewünschten Verfremdungseffekt, signalisiert aber auch die Nähe zur (schwarz auf weiß gedruckten) literarischen Vorlage. Ebenso wirken die zahlreich im Film auftretenden Weißblenden wie das Umblättern einer Buchseite. Und auch durch die enge Vernetzung der Medien Schrift und Film, wie sie vor allem in den bereits geschilderten Inserts zu Tage tritt, erhofft Fassbinder „eine möglichst große Anbindung an das Schrift-Medium des Fontane-Romans zu erzielen."[62] Nicht zuletzt die wörtliche Übernahme des fontaneschen Originaltexts und der mehr vorlesende als erzählende ‚Erzähler' verweisen auf die große Nähe zur Literatur. Sie muss, so Fassbinder, „das wirkliche Thema des Films sein."[63] Somit ist Fontane überall präsent.

Und doch: So genau sich Fassbinder auch an seine Vorlage hält, in seinem Film bringt er seine ganz persönliche Lesart des Romans zum Ausdruck, was bereits in dem schon zitierten Untertitel erkennbar wird. Um seine Aussageabsicht darzustellen, arbeitet Fassbinder vornehmlich mit Kürzungen. Er „versucht, in seinem Sinne den ‚Geist' Fontanes herauszudestillieren."[64] Mit Claudia Gladziejewski lassen sich – auch hier der Desillusionierung des Zuschauers dienend – auf der wortsprachlichen Ebene vier wesentliche Abweichungen Fassbinders von der Romanvorlage feststellen:

So sind die Dialoge im Film frei von jeglichem Humor und jeglicher Ironie. Weiter verzichtet Fassbinder auf die poetisch verklärenden und vorausdeutenden Elemente der Vorlage, ebenso, wie auf die Dramatisierung von Szenen, die im Roman nur beschrieben werden, wie beispielsweise der Verlobung Effis mit Instetten. Schließlich wird das

---

[60] Donner, Wolf: Väter und Söhne. Berliner Filmfestspiele: Das Kino erzählt wieder private Geschichten. In: Die Zeit. Hamburg v. 05.07.1974.
[61] Vgl.: Schestag: Literaturverfilmung. S. 161.
[62] Villmar-Doebeling, Marion: Effi Briest. Zum filmischen Spiegel-Portrait des weiblichen Subjekts und deren Ausstreichung. In: Interpretationen Literaturverfilmungen. Hrsg. von Anne Bohnenkamp. Stuttgart: Reclam 2005. (= RUB 17527). S. 136.
[63] Rainer Werner Fassbinder in einem Interview mit Corinna Brocher: Fassbinders Fontane. Der Regisseur verfilmt den Roman »Effi Briest«. In: Der Tagesspiegel. Berlin v. 11.02.1972.
[64] http://www.hartling.org/publications/fassbinder.pdf.

komplizierte Satzgefüge Fontanes im Film stark reduziert, wobei Fassbinder auch einzelne Sätze bewusst ihrem ursprünglichen Zusammenhang entreißt und ihre Bedeutung somit zu Gunsten seiner Aussage entstellt.[65] So wird der im Film als Insert erscheinende Satz „Freilich ein Mann in seiner Stellung muß kalt sein" als Aussage Effis über Instetten dargestellt. Im Roman jedoch bezieht sich dieser, noch dazu in einem völlig anderen Kontext, auf Pastor Kögel und stammt auch nicht von Effi selbst.[66] Damit trägt er zu der von Fassbinder gewünschten ‚Dämonisierung' Instettens bei.

3.2 Hermine Huntgeburth (2009)

3.2.1 Darstellung der Figuren

Mit ihrer Neuverfilmung von »Effi Briest« im Frühjahr 2009 entwirft Hermine Huntgeburth gewissermaßen das Gegenstück zu Fassbinders Adaption. Auch hier sollen die wesentlichen Unterschiede zunächst im Hinblick auf die Darstellung der Figuren herausgearbeitet werden.

Während die Figurendarstellung bei Fassbinder geprägt ist von Bewegungslosigkeit, bis hin zur Starre, und emotionaler Distanzierung, gestaltet Hermine Huntgeburth wesentlich lebendigere Figuren. Sie sind dynamisch, ausdrucksstark und gefühlsbetont. Am deutlichsten ersichtlich wird dies an der Figur der Effi selbst. Bereits in der ersten Einstellung, in der sie zu sehen ist, erscheint sie als lebensfrohe junge Frau, die „stürmisch" – wie bei Fontane – die Treppe hinabeilt[67] , und somit der Romanvorlage in dieser Hinsicht näher kommt als bei Fassbinder. „Der Zuschauer erfährt sehr viel über die Figuren, kann genau nachvollziehen, was sie denken, und weiß im Detail, was sie tun."[68] Ihre Gefühls- und Gemütszustände werden durch ihre Äußerungen, vor allem aber durch ihre Mimik und Gestik stets klar und deutlich zum Ausdruck gebracht. So erlebt der Zuschauer Effi immer wieder auch weinend oder schreiend – vor Schmerz[69], aus Angst[70] oder vor Glück.[71]

Generell stehen körperliche Aspekte des Erlebens wesentlich stärker im Vordergrund, als bei Fassbinder oder Fontane, wo diese kaum oder überhaupt nicht zur Geltung kommen. Durch diese Darstellung wirken die Figuren sehr lebensnah und authentisch, was eine

---

[65] Vgl.: Gladziejewski: Dramaturgie der Romanverfilmung. S. 88.
[66] Vgl. auch: Ebd.
[67] Vgl.: EH 00:01:00.
[68] http://www.lichtwerkkino.de/uploads/media/EFFI_Unterrichtsheft_WEB_final.pdf.
[69] Vgl.: EH 00:16:55.
[70] Vgl.: EH 00:55:45.
[71] Vgl.: EH 01:02:30.

Identifikation mit ihnen, vor allem mit Effi, ermöglicht.[72] Einen Beitrag hierzu leistet nicht zuletzt auch die Tatsache, dass ihre Sprache und Ausdrucksweise im Allgemeinen heutigen Konventionen angenähert wurde. Was bei Fassbinder durch die wörtliche Übernahme des fontaneschen Textes aus dem 19. Jahrhundert befremdlich wirkt und die Figuren stets auf Distanz hält, sorgt hier für eine ‚sanfte' Modernisierung. Die Figuren wirken zeitgemäßer und rücken somit auch den Stoff näher an das 21. Jahrhundert heran.

3.2.2 Erzähltechnik

Wie an der Art und Weise der Figurendarstellung bereits ersichtlich wird, arbeitet Hermine Huntgeburths Film, im Gegensatz zu Fassbinder, mit Identifikation und emotionaler Nähe zu den Protagonisten, in erster Linie zu Effi. Diese Nähe wird im Wesentlichen dadurch geschaffen, dass es der Film nicht bei bloßen Andeutungen bestimmter Ereignisse belässt, sondern diese teilweise sehr konkret darstellt. Dies darf – gerade im Vergleich mit Fassbinders Adaption – als besonderes Merkmal dieser Verfilmung angesehen werden.

So ist zum Beispiel die Szene der Hochzeitsnacht[73] vollkommen neu eingefügt. Sie hat in der Romanvorlage keine Entsprechung und taucht somit auch bei Fassbinder nicht auf. Nun ist es durchaus nicht so, dass dem Publikum ohne diese Szene nicht bewusst wäre, dass auf Effis und Instettens Hochzeit deren Hochzeitsnacht folgt, in der schließlich ‚die Ehe vollzogen' wird. Und auch die Erkenntnis, dass Sexualität in dieser Zeit und gerade vor dem Hintergrund einer solchen Ehe, wie Effi sie eingehen musste, einer Ehe, die nicht aus Liebe, sondern ausschließlich aus gesellschaftlicher Pflicht geschlossen wurde, für Frauen allzu häufig kein besonders schönes Erlebnis war, ist den meisten Zuschauern nicht neu. Die Szene, und vor allem die Intensität, in der sie dargestellt wird, dient also dem Zweck, den Identifikationsfaktor mit Effi zu erhöhen, ihr Schicksal dem Zuschauer nahezubringen, was durch eine sehr realitätsnahe Visualisierung ihrer grausamen Entjungferung zu erreichen versucht wird.

In gleicher Weise verhält es sich mit der Darbietung von Effis Affaire mit Crampas im Film. Was Fontane und Fassbinder durch die Szene von Effis und Crampas' Fahrt in der Kutsche lediglich andeuten, den Beginn ihres Verhältnisses, wird auch hier dramatisch aufbereitet und sehr detailreich visualisiert.[74] Man sieht, wie Effi sich entkleidet, sich nackt

---

[72] Vgl.: http://www.lichtwerkkino.de/uploads/media/EFFI_Unterrichtsheft_WEB_final.pdf.
[73] Vgl.: EH 00:14:50.
[74] Vgl.: EH 00:59:50.

vor Cramaps niederlegt und schließlich ihren ersten Orgasmus erlebt. Die Kamera ist stets ganz nah. Doch nicht nur die Bildsprache ist eindeutig, auch in den Dialogen zwischen Effi und Crampas bringt der Film die Beziehung der beiden deutlich zur Sprache, wie in der Szene nach den gemeinsamen Theaterproben.[75]

Ein bedeutendes stilistisches Merkmal des Films bildet auch die häufige Darstellung von Effis Innensicht – am deutlichsten in Gestalt ihrer „leitmotivisch wiederkehrenden Angstträume."[76] Insgesamt viermal werden diese in Szene gesetzt. Dabei wird stets eine beklemmende, angstvolle Atmosphäre erzeugt. Überdeutliche Geräusche, wie das unnatürlich laute Schleifen der Gewänder auf dem Fußboden beim Tanzen in der ersten Albszene oder die scheinbare Unfähigkeit Effis, sich gegen den sie angreifenden Chinesen zur Wehr zu setzen in der dritten, sowie teilweise verschwommene Bilder und ungewöhnliche Kameraperspektiven lassen die Sequenzen eindeutig als Traumvorstellungen Effis erscheinen. Jeder einzelne dieser Träume stellt dabei eine „Momentaufnahme ihrer Persönlichkeitsentwicklung"[77] dar. Während die erste Traumsequenz noch ohne den Chinesen abläuft, wird dieser in der zweiten zur personifizierten Bedrohung. Doch Effi erscheint hier noch als angsterfüllte Beobachterin und ist nicht aktiv in das (Traum-)Geschehen eingebunden. In der dritten Traumsequenz änder sich dies und sie ist selbst in die Ereignisse verwickelt; ein Versuch, den Chinesen, der zuvor Instetten erstochen hat, zu überwältigen, scheitert. Erst im letzten Angsttraum, als der Chinese versucht, sie in der Badewanne zu ertränken, schafft sie es, sich aus eigener Kraft zu befreien. Dies kann symbolisch für das endglültige Ablegen ihrer Ängste gesehen werden[78] und markiert einen wesentlichen Schritt Effis in ein unabhängiges, eigenständiges und vor allem selbstbestimmtes Leben.

Als strukturelles Merkmal weist der Film an verschiedenen Stellen immer wieder Vorausdeutungen auf künftige Ereignisse auf. Auch Fontane arbeitet in seinem Roman mit Vorausdeutungen; in Rainer Werner Fassbinders Verfilmung spielen diese jedoch keine Rolle.

Die erste Nebenhandlung, die bereits nach wenigen Filmminuten auf Effis tragische Verfehlung verweist, ist die Affaire des Gutsverwalters des alten Briests mit der Frau des Gärtners.[79] Briest beobachtet die beiden zufällig. „Kann man natürlich nicht durchgehen

---

[75] Vgl.: EH 0:52:05.
[76] http://www.lichtwerkkino.de/uploads/media/EFFI_Unterrichtsheft_WEB_final.pdf.
[77] Ebd.
[78] Vgl.: Ebd.
[79] Vgl.: EH 00:11:40.

lassen. Dafür trägt man die Verantwortung"[80], kommentiert er das Ereignis und ärgert sich, dass er seinen Verwalter nun entlassen müsse. Die gesellschaftlichen Maßstäbe fordern es.

Eine weitere Szene deutet die Duellsituation voraus, in die sich Instetten und Crampas nach dem Bekanntwerden der Affäre begeben. Es ist zugleich die Szene, in der sich Effi und Crampas zum ersten mal persönlich begegnen: Als die Kessiner Adelsgesellschaft am Strand zusammenkommt, wird im Hintergrund der Haupthandlung ein Streit zwischen den beiden Söhnen von Crampas inszeniert. Die zwei Jungen wälzen sich kämpfend ineinander verschlungen über den Sand und können nur mühevoll von ihrer Mutter, Crampas' Ehefrau, wieder getrennt werden. Der Ort dieser kindlichen Rauferei wird später zu der Stelle, an der Instetten und Crampas aufeinander schießen. Die Tatsache, dass das Duell durch den Streit zweier Kinder vorausgedeutet wird, mag symbolisch für die Sinnlosigkeit dieses alten Ritus stehen – ein im wahrsten Sinne des Wortes ‚kindisches' Ritual.

Am eindeutigsten wird auf die sich entwickelnde Beziehung zwischen Effi und Crampas vorausgedeutet. Der Titel des Theaterstücks – »*Ein Schritt vom Wege*« –, das Crampas als Regisseur und Darsteller auf die Bühne bringt, verweist deutlich auf Effis bevorstehenden Fehltritt. Im Stück scheinen beide, Effi und Crampas, sich selbst darzustellen. Dabei spielt Crampas damit, „die Grenzen aufzuheben, das im Stück Gesprochene Realität werden zu lassen, und fällt bei der Probe aus der Rolle."[81] Die Szene wirft den Schatten der herannahenden unheilvollen Affäre voraus.

Auf ein letztes erwähnenswertes und keinesfalls zu unterschätzendes gestalterisches Mittel des Films soll noch kurz eingegangen werden: die Filmmusik. Während sie in Fassbinders Adaption eine eher untergeordnete Rolle spielt, bildet sie bei Hermine Huntgeburth ein wichtiges Medium zur Übermittlung von Stimmungen. Durch sie werden Seelenzustand und Gefühlslage Effis akustisch zum Ausdruck gebracht.[82] So ist die Verlobungsszene mit einer bedrückenden, beinahe bedrohlich wirkenden Melodie untermalt.[83] Hektische und unruhige Klänge begleiten Effi auf dem Weg zu Gieshüblers Apotheke, wo sie sich ein Schlafmittel besorgen möchte.[84] Im Gegensatz dazu, sind bei ihrem Spaziergang durch die Dünen, wo sie Crampas zum ersten Mal aus der Ferne sieht, leisere, sanfte, sehnsuchtsvoll anmutende

---

[80] Vgl.: EH 00:11:55.
[81] http://www.lichtwerkkino.de/uploads/media/EFFI_Unterrichtsheft_WEB_final.pdf.
[82] Vgl.: Ebd.
[83] Vgl.: EH 00:07:50.
[84] Vgl.: EH 00:31:30.

Klavierklänge zu hören.[85] Ebenso wird ihr gemeinsamer Ausritt mit Crampas von heiterer, vergnüglicher Musik begleitet.[86]

Bezeichnenderweise läuft die Szene der Hochzeitsnacht vollkommen ohne musikalische Gestaltung ab. Doch gerade dadurch, durch das Fehlen jeglicher Musik, durch die beinahe gespenstische Stille und die ausschließliche Konzentration auf die Realgeräusche, erhält die Szene ihre eindringliche Wirkung. So wird auch durch die bewusste Abwesenheit musikalischer Untermalung gezielt Stimmung erzeugt.

3.2.3 Umgang mit der Vorlage

Im direkten Vergleich mit Fassbinders Effi-Briest-Adaption nimmt sich Hermine Huntgeburths Film wesentlich mehr Freiheiten in der Umsetzung des Stoffes. Dabei muss allerdings berücksichtigt werden, dass Fassbinders ‚originalgetreue' Verfilmung mit ihren zahlreichen Eigenarten durchaus aus dem Rahmen fällt und es sich bei der Neuverfilmung um die sehr viel konventionellere Art der Literaturadaption handelt.

Das verbindende Element zwischen allen drei Stoffbearbeitungen – Fontane, Fassbinder und Huntgeburth – ist die Gesellschaftskritik, die durch sie zum Ausdruck gebracht wird. Fassbinder folgt dabei ganz Fontanes Vorbild:

> Der Fontane hat, ähnlich wie ich, so eine Sicht der Welt, die man sicherlich verurteilen kann: nämlich, daß die Sachen so sind, wie sie sind, und daß man sie so schwer verändern kann. Obwohl man begreift, daß man sie verändern müßte, setzt irgendwann mal die Lust aus, sie zu verändern, und man beschreibt sie dann nur noch.[87]

Genau dies ist kennzeichnend für Fontanes Roman und Fassbinders Film. Die Zustände werden beschrieben, wie sie sind. Sicherlich – wie schon geschildert – mit unterschiedlichen narrativen Mitteln, doch am Ende steht bei beiden Resignation. Effi wird am Schluss an den diesen Zuständen zugrunde gehen.

Hermine Huntgeburths Verfilmung ist anders. Sie weist eine grundlegende Veränderung gegenüber der Vorlage auf: den abgewandelten Schluss. Hier muss Effi am Ende nicht aus Gram sterben, genau das Gegenteil ist der Fall. Effis Leben endet nicht, es nimmt gewissermaßen erst seinen Anfang. Damit orientiert sich Hermine Huntgeburth auch an der

---

[85] Vgl.: EH 00:34:40.
[86] Vgl.: EH 00:46:10.
[87] Rainer Werner Fassbinder in einem Interview mit Corinna Brocher: Fassbinders Fontane. Der Regisseur verfilmt den Roman »*Effi Briest*«. In: Stuttgarter Zeitung. Stuttgart v. 01.12.1972.

Geschichte des realen historischen Vorbilds der Effi Briest, Elisabeth von Ardenne. Auch sie überlebt und stirbt erst 1952 im Alter von 98 Jahren.

Dieser Filmschluss ist bereits in der Gestaltung der Hauptfigur Effi angelegt. Von Beginn an erscheint sie als lebenshungrige junge Frau mit einem großen Drang zur Freiheit. Dieses Freiheitsstreben zieht sich als roter Faden durch die gesamte Handlung.[88] Bereits bei ihrer ersten Begegnung mit Instetten auf dem Fest ihrer Eltern wird ihr Wille zur Selbstbestimmtheit deutlich, indem sie sich zunächst weigert, mit ihm zu tanzen.[89] Bildsprachlich findet Effis verlangen nach Freiheit besonderen Ausdruck, als sie gezeigt wird, wie sie durch die Dünen rennt, um Crampas zu sehen.[90] Hektische Musik begleitet die Szene, eine Szene voller Dynamik. So liegt die Motivation, eine Affaire mit Crampas zu beginnen, schließlich nicht, wie in der Vorlage, hauptsächlich in der Langeweile, die ihr in Kessin begegnet, sondern vielmehr in Effis ausgeprägtem Drang nach Freiheit und Selbstbestimmung.

Eine weitere Facette von Effis Persönlichkeit, die im Laufe der Handlung immer weiter ausgeprägt wird, ist ihr liberales politisches Denken.[91] Als sich der Kessiner Landadel am Strand trifft, spricht sie sich Sidonie von Grasenabb gegnüber klar für Kindergärten aus und fragt diese provozierend, was sie denn für die Bildung von Frauen täte.[92]

Aus Fontanes tragischer Hauptfigur wird in Hermine Huntgeburths Verfilmung eine freigeistige, emanzipierte Heldin, die ihr Schicksal am Ende selbst in die Hand nimmt. So lehnt sie schließlich das Angebot, zurück ins elterliche Haus zu kommen, ab. „Kann schon sein, dass die Gesellschaft auch mal ein Auge zudrücken kann, Papa. Ich kann es nicht."[93] Mit Effis Worten endet der Film. Man sieht sie mit erhobenem Haupt und einem Lächeln im Gesicht quer über die Straße laufen. Sie geht fortan ihren eigenen Weg.

---

[88] http://www.lichtwerkkino.de/uploads/media/EFFI_Unterrichtsheft_WEB_final.pdf.
[89] Vgl.: EH 00:02:35.
[90] Vgl.: EH 01:05:20.
[91] Vgl.: http://www.lichtwerkkino.de/uploads/media/EFFI_Unterrichtsheft_WEB_final.pdf.
[92] Vgl.: EH 00:38:05.
[93] EH 01:45:25.

4. Zusammenfassung

Die Analyse der beiden Effi-Briest-Verfilmungen von Rainer Werner Fassbinder und Hermine Huntgeburth führt vor Augen, auf welch unterschiedliche Weise man einen literarischen Stoff filmisch verarbeiten kann. Zwar steht in beiden Fällen der gesellschaftskritische Aspekt im Vordergrund, die narrativen, strukturellen und stilistischen Mittel zur Vermittlung dieser Kritik sind jedoch – wie erwähnt – höchst unterschiedlich. Fassbinder setzt auf Verfremdung, Huntgeburth arbeitet mit Identifikation. Die Neuverfilmung zeigt Nähe zu den Figuren, Fassbinders Film hält Distanz. Schließlich verweist der abweichende Schluss auf eine erweiterte Botschaft in Huntgeburths Verfilmung. Ihre Effi ist keine der Vielen, die das System akzeptieren und festigen. Der Film erhält somit einen emanzipatorischen Grundgedanken und rückt die Frage um die rechtliche Stellung der Frauen zum Ende des 19. Jahrhunderts stärker in den Vordergrund.

Doch die Abänderung des Schlusses wirft auch die Frage auf, inwiefern es legitim ist, den Stoff der Vorlage zu verändern. Ist Fassbinders ‚originalgetreue' Adaption, die sich wörtlich an Fontanes Text hält und in keiner Szene von seiner Vorlage abweicht, deshalb die bessere, legitimere Verfilmung? Es war und ist nicht Gegenstand dieser Arbeit, über die Qualität der beiden Adaptionen zu urteilen. Fest steht jedoch: Beide bilden ihre jeweils eigene Lesart von Fontanes Roman ab und sind in gewisser Hinsicht auch Produkte ihrer Zeit. Ob es nun gerechtfertigt ist, Effi im Film ein glücklicheres Ende zu bescheren als im Roman, mag jeder für sich selbst entscheiden. Hermine Huntgeburth jedenfalls sieht in Fontanes drastischem Schluss hauptsächlich sein Tribut an die damalig Moral. „Zehn oder 15 Jahre später [...] hätte er ihn wohl auch anders enden lassen."[94]

---

[94] Hermine Huntgeburth in einem Interview mit Laura Bader: http://www.focus.de/kultur/kino_tv/tid-13369/effi-briest-sie-bringt-die-leinwand-zum-erbluehen_aid_370098.html.

5. Literaturverzeichnis

5.1 Quellen

EF: Fassbinder, Rainer Werner: Fontane Effi Briest. DVD. 135 min. Deutschland: Arthouse 2007 (Deutschland 1974).

EH: Huntgeburth, Hermine: Effi Briest. DVD. 113 min. Deutschland: Constantin Film 2009.

Brocher, Corinna: Fassbinders Fontane. Der Regisseur verfilmt den Roman »*Effi Briest*«. In: Stuttgarter Zeitung. Stuttgart v. 01.12.1972.

Fontane, Theodor: Effi Briest. Durchgesehene Ausgabe. Stuttgart: Reclam 2002 (= RUB 6961).

http://www.focus.de/kultur/kino_tv/tid-13369/effi-briest-sie-bringt-die-leinwand-zum-erbluehen_aid_370098.html.

5.2 Forschungsliteratur

Albersmeier, Franz-Josef u. Roloff, Volker (Hrsg.): Literaturverfilmungen. Frankfurt a. M.: Suhrkamp 1989 (= Suhrkamp Taschenbuch 2093).

Albersmeier, Franz-Josef: Einleitung: Von der Literatur zum Film. Zur Geschichte der Adaptionsproblematik. In: Literaturverfilmungen. Hrsg. von Franz-Josef Albersmeier u. Volker Roloff. Frankfurt a. M.: Suhrkamp 1989 (= Suhrkamp Taschenbuch 2093). S. 10-20.

Bohnenkamp, Anne (Hrsg.): Interpreatitonen Literaturverfilmungen. Stuttgart: Reclam 2005 (= RUB 17527).

Donner, Wolf: Väter und Söhne. Berliner Filmfestspiele: Das Kino erzählt wieder private Geschichten. In: Die Zeit. Hamburg v. 05.07.1974.

Töteberg, Michael (Hrsg.): Fassbinders Filme. Bd. 3: Händler der vier Jahreszeiten. Angst essen Seele auf. Fontane Effi Briest. Frankfurt a. M.: Verlag der Autoren 1990.

Gladziejewski, Claudia: Dramaturgie der Romanverfilmung. Systematik der praktischen Analsyse und Versuch zur Theorie am Beispiel von vier Klassikern der Weltliteratur und ihren Filmadaptionen. (Diss. Hamburg 1997). Alfeld/Leine: Coppi-Verlag 1998 (= Aufsätze zu Film und Fernsehen, Bd. 63).

Hickethier, Knut: Der Film nach der Literatur ist Film. Volker Schlöndorffs ‚Die Blechtrommel' (1979) nach dem Roman von Günter Grass (1959). In: Literaturverfilmungen. Hrsg. von Franz-Josef Albersmeier u. Volker Roloff. Frankfurt a. M.: Suhrkamp 1989 (= Suhrkamp Taschenbuch 2093). S. 183-198.

Kreuzer, Helmut: Arten der Literaturadaption. In: Literaturverfilmung. Hrsg. von Wolfgang Gast. Bamberg: C. C. Buchner 1993 (= Themen – Texte – Interpretationen, Bd. 11). S. 27-31.

Lohmeier, Anke-Marie: Symbolische und allegorische Rede im Film. Die »Effi Briest«-Filme von Gustaf Gründgens und Rainer Werner Fassbinder. In: Theodor Fontane. Hrsg. v. Heinz Ludwig Arnold. München: edition text + kritik 1989 (= Sonderband Text und Kritik). S. 229-241.

Pittrof, Ursulina: Der Weg der Rose vom Buch zum Film. Ein Vergleich zwischen dem Buch *Il nome della rosa* und seiner filmischen Umsetzung. Marburg: Tectum Verlag 2002.

Schanze, Helmut: Fontane Effi Briest. Bemerkungen zu einem Drehbuch von Rainer Werner Fassbinder. In: Literatur in den Massenmedien – Demontage von Dichtung? Hrsg. von Friedrich Knilli, Knut Hickethier und Wolf Dieter Lützen. München/Wien: Hanser 1976 (= Reihe Hanser 221). S. 131-138.

Schestag, Uda: „Literaturverfilmung" oder „literarischer Film"? Überlegungen zum Verhältnis von Literatur und Film am Beispiel von Rainer Werner Fassbinders »Effi Briest«-Verfilmung. In: Das Verstehen von Hören und Sehen. Aspekte der Medienästhetik. Hrsg. von Josef Fürnkäs u.a. Bielefeld: Aisthesis 1993. S. 148-166.

Schmidt, Klaus M./Schmidt, Ingrid (Hrsg.): Lexikon Literaturverfilmungen. Verzeichnis deutschsprachiger Filme 1945-2000. 2., erweiterte und aktualisierte Auflage. Stuttgart/Weimar: Metzler 2000.

Strautz, Evelyn: Probleme der Literaturverfilmung. Dargestellt am Beispiel von James Ivorys A Room With A View. Alfeld/Leine: Coppi-Verlag 1996 (= Aufsätze zu Film und Fernsehen, Bd. 38).

Villmar-Doebeling, Marion: Effi Briest. Zum filmischen Spiegel-Portrait des weiblichen Subjekts und deren Ausstreichung. In: Interpretationen Literaturverfilmungen. Hrsg. von Anne Bohnenkamp. Stuttgart: Reclam 2005 (= RUB 17527). S. 136-144.

Wolff, Jürgen: Verfahren der Literaturrezeption im Film, dargestellt am Beispiel der Effi-Briest-Verfilmungen von Luderer und Fassbinder. In: Der Deutschunterricht 40 (1981) H. 4. S. 47-75.

http://www.hartling.org/publications/fassbinder.pdf.

http://www.lichtwerkkino.de/uploads/media/EFFI_Unterrichtsheft_WEB_final.pdf.